Vestibular - Saiba como passar
Autor: Lauro Trevisan
Lançamento: julho 2010
Capa: Andrey Lamberty

CTP/Impressão: Gráfica Pallotti - SM

T814v Trevisan, Lauro
Vestibular : saiba como passar / Lauro Trevisan – Santa Maria : Ed. da Mente, 2010.
96 p.

1. Psicologia 2. Pedagogia 3. Auto-ajuda 4. Motivação I. Título

CDU 159.962.7

Ficha elaborada pela Bibliotecária Cristiane Silva Teixeira CRB10/1501

EDITORA DA mente

Editora e Distribuidora da Mente
Caixa postal 559 – cep:97015-663
Santa Maria, RS, Brasil
Fone: (0xx55)3223.0202
Fax: (0xx55) 32217184
E-mail: mente@laurotrevisan.com.br
Autor:laurotr@uol.com.br
Site:www.editoradamente.com.br

Lauro Trevisan

VESTIBULAR
SAIBA COMO PASSAR

Editora da Mente - Santa Maria - RS

"Quem sabe
faz a hora,
não espera
acontecer"

Geraldo Vandré

PRIMEIRA QUESTÃO PARA PASSAR NO VESTIBULAR

Cinco rãs estavam sobre uma folha acima de um lago. Duas decidiram saltar para o lago. Quantas ficaram?

As cinco, porque decidir não é ação. Decida-se a encarar o vestibular, mas comece a agir. Este livro ajudará você.

QUE TIPO DE VESTIBULANDO É VOCÊ?

Existe o vestibulando bola-cheia,
o bola-murcha, o bola-inchada,
o bola-vazia, o bola-furada,
o bola-velha, o bola-redonda,
o bola-fora,
o bola-na-trave e o bola-rasteira.
Veja o seu tipo.

VESTIBULANDO BOLA-CHEIA

É o jovem centrado. Está realmente empenhado em passar no vestibular e seguir carreira, com ideal, determinação e fé. Esse busca o gol e quer ganhar a partida. O bola-cheia é um vencedor.

VESTIBULANDO BOLA-MURCHA

É o meia-sola. O tipo tanto faz como tanto fez. Está mais ou menos interessado. Na hora do pega, bobeia. Às vezes, até se empenha, mas a bola não ajuda. Também, não mostra muito interesse em ser bola-cheia.

VESTIBULANDO BOLA-INCHADA

É o cara cheio... de ar. Acha que sabe tudo. É o doutor antecipado. É o sujeito que olha qualquer livro e logo se gaba: "Já sei tudo que está escrito aí". Pensa que sabe mais que os professores. Não passa no vestibular, mas não se flagra que ainda precisa aprender. Esse cara não tira a casca da banana para comê-la porque diz que sabe o que tem dentro.

VESTIBULANDO BOLA-VAZIA

Esse não quer nada com nada. É o tipo que fica lá fora coçando o saco e comendo jaca, a gritar: "Não sei, não quero saber e tenho raiva de quem sabe". Escuta aqui, cara: você só vai passar em concurso de cerveja. Para de cantar: "Tô nem aí...Tô nem aí!" E estude, que bola vazia não tem proveito.

VESTIBULANDO BOLA-FURADA

Esse está fora de vez. Bola-furada tem o destino do lixo. Ninguém dá um tostão furado. É o engana-pais. Diz que é, mas não é. Promete fazer, mas não faz. Está furado. É urgente ver o que furou essa bola, caso contrário será chutado pela sociedade.

PIADA DO BOLA-FURADA:

- Como é que você vai se haver com seu pai se não passar no vestibular?

- Vou dar-lhe um cinto e um terno.

- Como assim?

- Muito simples. Vou dizer-lhe: SINTO muito. Posso dar-lhe um TERNO abraço?

VESTIBULANDO BOLA-VELHA

É o cara pessimista. Envelhece sem acreditar em si, na sua capacidade e inteligência. Acha que não tem vez, que é tudo difícil. Comenta que estuda, estuda, estuda, mas não consegue. Pessimismo atrai mau resultado e dissabores. Mude a cantilena, cara. Você pode.

VESTIBULANDO BOLA-REDONDA

Quem será?
Claro, bola-redonda
é aquela garota ou
aquele cara inteligente que
sabe o que quer, vê o mundo
redondo, aberto, e acredita na
sua competência e capacidade de
sucesso.

VESTIBULANDO BOLA-FORA

É o tipo que desiste da primeira divisão porque pega a reserva ou acha que têm muitos concorrentes. Prefere ser bom num time inferior, mesmo que não goste e se sinta frustrado. Bola-dentro, cara. É melhor perder um ou dois anos treinando do que entrar em profissão que frustre seu ideal.

VESTIBULANDO BOLA-NA-TRAVE

É o sujeito que chuta, chuta, a bola bate na trave, tira poeira, arranca a pintura, mas não entra. No ano seguinte, de novo bola na trave. Não fez gol, mas continua, porque sabe que os goleadores também erraram muito. Insista, cara. Treine mais um ano. Numa dessas, vai fazer o gol, com certeza.

VESTIBULANDO BOLA-RASTEIRA

Esse concorrente
à universidade
só faz o que tem que fazer.
Não sai do chão,
pouca aspiração,
inspiração quase zero,
tem medo de levantar a bola,
contenta-se com a mesmice
e sente-se mais seguro
com a bola nos pés
sob seu absoluto controle.

ESCOLHA A BOLA CERTA

Saiba o que quer.
Queira a carreira
que lhe dá mais satisfação,
a profissão que mais gosta.
Busque o caminho
que lhe dá mais prazer.
Essa é a escolha
da autorrealização
e do sucesso.

ATENÇÃO, ESTÁ CHEGANDO O BOLA-FURADA!

Seja inteligente.
Não gaste energia à toa.
Não deixe colocar lenha verde na fogueira,
que só faz fumaça
e faz a alma lacrimejar.
Evite o bola-furada,
que quer botar poeira no seu ventilador. Água benta nele.
Rsrsrsrsr!

DISPOSITIVOS PARA PASSAR NO VESTIBULAR

* *M*ente em forma.

* Acreditar em si.

* Os outros puderam,
você também pode.

* Saber o caminho da roça,
isto é, como chegar lá.
Nem todos os caminhos
levam à Universidade.

* Preparar-se. Bola-cheia.

DECIDA-SE.
DESÇA DO MURO

Água parada não toca moinho.
Não deixe para amanhã
o que pode decidir hoje.
A fortuna ajuda os audazes.
Decida-se.
Aponte o caminho.
Não leia mais enquanto não
resolver essa parada: saber
o que quer.
Se não sabe para onde vai,
não chegará a lugar algum.

ESQUENTE A MÁQUINA

Decidiu? Maravilha!
Agora, esquente a máquina.
Sem entusiasmo, fé e vontade, você dá com os burros n´água.
Anime-se, sonhe, vislumbre a conquista.
Ponha lenha na fogueira.
Acenda a chama do entusiasmo.
Enquanto a fogueira estiver acesa, haverá energia para seguir em frente e iluminar o ideal.

ABRA O MAPA DA ESTRADA

Antes de tudo,
veja o caminho
que já percorreu: os anos
de estudos,
a longa via da escolaridade,
os aprendizados, as experiências.
Chegou são e salvo até este
ponto.
Não é marinheiro de primeira
viagem. Parabéns!

O NOVO PERCURSO

Agora há um novo percurso para chegar à universidade: a preparação para o vestibular e o próprio vestibular.
Aqui começa o desafio. Mas, você não é valente? Não é aventureiro ou aventureira? Todo jovem tem espírito guerreiro. Desperte-o.

A RETA FINAL

*E*sses meses de preparação
são a sua reta final.
Agora é ir à luta
com unhas e dentes.
De cuia e mala.
Meta a cara.
Levante a bandeira. Pé na
estrada.
Barco parado não ganha frete.
Faça, não espere acontecer.

COMECE DE UMA VEZ

Quem dorme não pega peixe!
Vamos,
pegue os livros,
os rascunhos, as apostilas.
Compre cadernos.
Peça emprestado aos
universitários algo que lhe sirva.
Mexa-se.

OS OUTROS SÓ ABREM A PORTA

Os professores, os amigos, os cursinhos, as aulas particulares, podem abrir a porta, mas só você pode entrar. Deixe de ficar batendo papo na porta. Entre, cara. Ninguém vai fazer vestibular por você.

CURSINHOS PARA MELHORAR O ARQUIVO MENTAL

O currículo escolar foi bom,
mas não é suficiente.
Meta a mão na roda.
Escolha o cursinho que tem mais
a ver com seu jeito
de aprender e estudar.
Inscreva-se.
Aprenda a nadar bem,
que tem muita gente se atirando
na água.

APROVEITE AS AULAS DO CURSINHO

Não esqueça que alguém está pagando seu cursinho e dinheiro não cai do céu. Então, agora é sentar no banco escolar, não o da praça e nem o do bar. Ganhe nota dez de frequência. Tem muito bola-vazia convidando você para outros rumos. Tenha juízo e vá para o cursinho. Tudo tem sua hora, cara.

ORGANIZE-SE

Se você não se organizar,
poderá ficar tonto
de tanta enxurrada
de lições, ensinamentos,
matéria passada, dicas
e anotações.
Mente organizada
evita estresse
e aprende com mais facilidade,
em menos tempo.

PERGUNTE AO PROFESSOR

Se tiver dificuldade
de ordenar a matéria de estudo,
pergunte ao professor como fará.
Matéria ordenada,
ficará mais fácil guardar
na memória o fio da meada.
O professor terá interesse em
ajudar você,
pois cursinho sem sucesso no
vestibular
vai para o beleléu.

LIVROS, APOSTILAS, PAPÉIS, UMA BARAFUNDA!

Escolha os livros mais adequados para o seu aprendizado. Ponha título, subtítulo e ordem naquilo que está estudando. Evite a barafunda de papeladas e cadernos e rascunhos jogados por toda parte. Estabeleça um sistema ordenado com princípio, meio e fim.

CABEÇA EXPLODINDO?

De repente, você se vê maluco
com tanta coisa que tem
para reter na memória.
Não faça como a centopeia
quando quis saber com que pé
começava a caminhar: ficou tão
confusa
que até hoje está tentando
acertar o passo.

TIRE O EXPLOSIVO DA BOMBA

Calma. O mundo não foi
feito num dia.
Não queira fazer tudo
ao mesmo tempo.
Salada de matérias não é o
mesmo que salada de frutas.
Se quiser enfiar tudo ao mesmo
tempo na cabeça,
a bomba do estresse
vai explodir.

UMA COISA DE CADA VEZ

A mente
só pode criar um
pensamento
de cada vez,
então escolha uma matéria,
um tema dessa matéria,
e fixe sua atenção concentrada
aí. Esqueça o resto. Diziam os
antigos: "Dívide et ímperat".
Divide e vencerá.

HORA DE ESTUDAR É HORA DE ESTUDAR

Aqui é que a vaca vai pro brejo! Juventude gosta de fazer várias coisas ao mesmo tempo: abre a televisão, acerta o programa de rádio, liga o som, ajeita o computador no You Tube, visita o Orkut, prepara um cachorro-quente com coca-cola, põe o celular ao lado do livro, e começa a estudar. Ahahahahaha! Estudar o quê?

MEMÓRIA CURTA QUE NEM PATADA DE PORCO?

Memória tem foco.
Quanto mais coisas quer apanhar
ao mesmo tempo,
menos força terá a memória.
Siga o exemplo da lanterna:
luz concentrada
penetra mais longe;
foco aberto, luz difusa.
Quanto mais focado no assunto,
mais profundamente gravará e
mais facilmente recordará.

CADA COISA COM CADA COISA

Selecione tempo para o celular, para a internet, para o papo com amigos, para beijos reais e telefônicos, para a televisão, para o rádio, para suas coisas.
E selecione tempo único, indivisível, especial, só para estudar.
Fazer tudo junto é pura perda de tempo... e de dinheiro. Precisa repetir?

QUEM TUDO QUER TUDO PERDE

Talvez você tenha certeza de que pode fazer tudo ao mesmo tempo. Experimente. Verá que, no meio de toda essa bagunça mental, sobrará pouca coisa na massa encefálica. Os gênios eram tão concentrados, que até esqueciam o horário das refeições. Não chegue a tanto.

ESTUDAR SIGNIFICA ESTUDAR

Escolha a melhor hora para estudar. Pode ser ao amanhecer, ou à tarde, ou ao anoitecer, ou nas primeiras horas da noite. Para facilitar sua determinação, analise qual é a hora do dia em que não há outras solicitações. Seja duro na queda. Desligue tudo e ligue apenas a mente. Mantenha rigidamente essa programação.

DICAS PARA GRAVAR NA MEMÓRIA

Primeiro: hora apropriada, sem barulho. Quem gosta de barulho é trator.
Falamos a respeito.
Segundo: estude em nível alfa.
Já verá o que é isso.
Terceiro: veja seu biótipo de memória.
Logo falaremos.
Quarto: faça comparações e associações.
Abordaremos o assunto.
Quinto: reforce. Verá como.

MEMÓRIA:
QUATRO NÍVEIS MENTAIS

*H*á 4 níveis mentais:
beta, alfa, teta e delta.
Beta: é o nível mental em que
você se encontra agora.
Alfa: nível mental ideal.
Teta: é o limiar do sono.
Delta: o sono.

MEMÓRIA: NÍVEL BETA

*B*eta é o nível mental em que você se encontra normalmente, em estado de vigília.
A ciclagem cerebral média é 21 por segundo.
Seu esforço de aprendizagem é o de sempre, nada de especial.
Mesmo esforço, mesmos resultados.

ALERTA! SUPERBETA PERIGOSO!

Quando você fica nervoso,
agitado, temeroso, assustado,
irritado, raivoso, perturbado,
o ritmo cerebral sobe
além dos 21.
Com o ritmo alterado para cima,
acontece o pior:
dá um "branco" na memória,
ela fica bloqueada
e você pode até cair em
descontrole emocional.

INVOQUE O "SANTO" ALFA

Aqui o mapa da mina:
estude e faça as provas
em nível alfa.
Ao baixar o ritmo cerebral para
14 a 9 ciclos por segundo,
você entra em alfa.
Resultado ótimo: aumenta o
campo da inteligência,
melhora a memória, a lucidez,
a criatividade, a capacidade de
análise e de ponderação.

COMO CHEGA AO "SANTO" ALFA

Você pode alcançar o nível mental alfa pelo relax, pela meditação, pela mentalização, pela contemplação, pela oração, pela paz de espírito e pela calma. Importante: antes de estudar e fazer provas, respire fundo várias vezes, pelo menos até controlar a respiração.
Imagine-se relaxando o corpo e libertando a mente.
(Nota: Alfa não é nenhum santo, mas faz você passar no vestibular).

TIPOS DE MEMÓRIA

A sua arma para o vestibular chama-se memória. Há pelo menos três tipos de memória mais comuns:

visual;

auditiva;

intelectual.

MEMÓRIA VISUAL

Visual é o tipo de memória que
grava melhor o que vê,
como vê,
onde vê.
Quem tem predominância
de memória visual
consegue localizar a página
onde está o assunto, as figuras, a
ordem do escrito, etc.
Se for seu caso,
aproveite esse algo mais.

MEMÓRIA AUDITIVA

Esse tipo de memória
grava melhor ouvindo.
A pessoa gosta de estudar lendo
em voz alta.
Aprecia estudar em grupos, onde
o tema é comentado e revisto;
também faz questão de ouvir Cds
sobre o conteúdo;
tira proveito das aulas,
palestras, etc.

MEMÓRIA INTELECTUAL

Quem é beneficiado com esse tipo de memória, tem tendência a gravar o assunto como um todo, busca a compreensão da matéria, quer a essência do conteúdo, e gosta de fazer um apanhado geral.

MÉTODO DA REPETIÇÃO

O método da repetição é bastante usado como "decoreba". Na decoreba, a pessoa não se preocupa tanto em entender, e sim em decorar para a prova.

O certo é primeiro entender e depois repetir para fixar bem na memória.

MEMÓRIA DO LADO AVESSO

Existe a antimemória? Essa que faz o tiro sair pela culatra? Acha você que há alguma memória que mata a memória? Há, sim. Explico: o seu pensamento chega ao cérebro e vai para o subconsciente, que o executa. Então, se você vive dizendo: "Tenho uma memória terrível" – "Não consigo lembrar o que estudei" – "O que ouço na aula entra por um ouvido e sai pelo outro" – é o que acontece. Assim como você pensa, assim é.

PEGUE A MEMÓRIA PELO RABO. TRUQUE 1

Comece selecionando o texto que
deseja estudar.
Leia-o em voz alta
como se estivesse contando uma
história para alguém.
Acentue detalhes.
Repita, com ênfase,
as partes mais importantes.
Imagine que o está representando
para uma plateia.
Use-o no caso de o ajudar a
gravar.

PEGUE A MEMÓRIA PELO RABO – TRUQUE 2

1 – Apreenda o assunto numa frase.

2 – Separe e enumere as frases principais.

3 – Faça uma associação ligando uma frase com a outra.

Nota: esses truques podem servir a uns e não significar nada para outros.

PEGUE A MEMÓRIA PELO RABO – TRUQUE 3

Faça uma matriz permanente e cole o assunto a ser lembrado na matriz. Exemplo: decore dez matrizes. Poderiam ser, talvez: 1= Deus. 2= moto (duas rodas) ou um cisne. 3= tripé de máquina fotográfica. 4 = automóvel (4 rodas). 5= mão ou luva (cinco dedos). 6= revólver (6 balas). 7= gato (sete vidas). 8= Biscoito ou boneco de neve. 9= Sansão ou trovoada, etc. 10= Moisés (o homem dos dez mandamentos).

MEMÓRIA: O QUE FAZER COM O TRUQUE 3

Se precisa guardar, por exemplo, cinco itens, ou nomes, cole o primeiro na matriz 1 (Deus); o segundo, na matriz 2 (moto), assim por diante. Agora o principal: use cena ridícula, estapafúrdia, idiota, ao juntar o item na matriz correspondente. Quanto mais estranha a associação entre matriz e conteúdo, mais fácil será recordar. Mas, se isso complica sua cabeça, deixa pra lá.

PEGUE A MEMÓRIA PELO RABO – TRUQUE 4

Para lembrar nomes, pode usar o método de fazer uma imagem ou comparação com o tipo de nome e sobrenome a decorar. Leia o nome em voz alta e perceba que associação pode fazer. Exemplo: Napoleão = um nabo caindo na cabeça do leão e matando-o. Alice da Luz = maternidade (ali se dá à luz). Armando Madeira = sujeito armando madeira do telhado, etc etc.

PEGUE A MEMÓRIA PELO RABO - SEM TRUQUE

Se os métodos aventados embaralham sua cabeça e vai gastar mais tempo em adotá-los do que estudar direto, esqueça-os. Estou colocando tudo que é possível. Não significa que seja necessário. Se for o caso, ataque o boi pelas guampas, como diz o gaúcho, isto é, vá direto ao que lhe interessa do jeito que melhor costuma fazer.

SEUS PAIS NÃO SÃO O SEU FANTASMA

Aos seus pais
lhes basta saberem
que você estudou, se preparou, e
fez o que pôde.
Repetir o vestibular é
caminho bastante pisado pelos
pretendentes a um lugar ao sol.
Conheço pessoas que fizeram
duas ou três vezes o vestibular e
hoje são profissionais de nome.
Perca a batalha, mas não a guerra.

REFORCE A PREPARAÇÃO MAS NÃO QUEBRE A CORDA

Aproveite para repassar
as aulas do cursinho em casa. Use
seu tempo para ler, anotar, reler
e rever a matéria.
Não espere para os últimos dias.
Evite a ansiedade.
Durma oito horas por dia.
É melhor chegar no fim da reta
em ponto de bala do que ficar
angustiado nos últimos dias.

LONGE DO ESTRESSE

Estresse significa
cansaço físico e mental.
Esgotamento.
Quando estressado,
você precisa estudar muito mais
para aprender muito menos.
Acaba morrendo na praia.
Comece a estudar cedo para não
se pegar de calça curta no fim.
Seja inteligente.
Vale mais um burro vivo que um
leão morto.

RELAXE, VOCÊ NÃO É ARAME DE CERCA

Use alguns momentos
diários para relaxar.
O relax estimula o bom humor,
acalma a mente,
melhora a concentração,
aguça os sentidos
e alivia a dor de cabeça.

NEM CACHORRO-QUENTE NEM CACHORRO BRAVO

Não dispense uma boa alimentação saudável, leve, vitaminada, energética. Hora de refeição é momento de alegria, descontração, brincadeiras. Durante a refeição: sente-se, fique à vontade, não estude, não resmungue contra nada. Lembre-se que o estômago é quase um "órgão mental": reage às suas emoções.

NÃO ESQUEÇA A PAUSA QUE REFRESCA

Se você quer derramar toda água de um balde numa garrafa, vai perder muita água. Alternância é a pedida: Duas horas de estudo, e pausa. Duas horas de computador, e pausa.
Trabalho – descanso.
Desgaste – recuperação.
Atividade – lazer.
Nada mais necessário do que uma boa noite bem dormida. Lembre-se do ditado: "Quem tudo quer, tudo perde".

BOM PARA A MEMÓRIA

A erva-mate tem propriedades medicinais e nutritivas. Reduz a fadiga, a sede e a fome, além de estimular a atividade física e mental. Age beneficamente sobre os nervos e músculos, favorecendo o trabalho intelectual.

A hortelã – é estimulante e tônico nervoso. O mel libera serotonina. É energético de muito valor.

O guaraná em pó é energético físico e mental, bom cardiotônico, combate o estresse.

EXERCÍCIOS FÍSICOS TAMBÉM AJUDAM A MEMÓRIA

Você é jovem e acha que não necessita fazer exercícios físicos. Vá que seja. Mas, tem um lado bom para o vestibulando: além de contrabalançar o sedentarismo e fortalecer a musculatura e os pulmões, melhora a estética, o humor, a memória e as funções cognitivas. Libera endorfina e ajuda a vencer o estresse, a ansiedade e a depressão.

DISTINGA ENTRE ATIVIDADE FÍSICA E EXERCÍCIO FÍSICO

Atividade física é qualquer movimento corporal que rompe a situação de repouso, por exemplo caminhar, lavar alguma coisa, subir escadas, varrer, carregar lenha, apanhar frutas... Exercício físico é atividade planejada, supervisionada, repetitiva, orientada diretamente para fins de saúde, estética, musculação, revigoramento, queima de calorias, etc.

O exercício físico traz bons efeitos mentais também.

NÃO DEIXE O ESPORTE DE LADO

*E*nquanto se prepara para o vestibular, é bem legal se você praticar esportes, pois eles levantam o astral, a autoestima, ativam a capacidade mental, aguçam a memória, predispõem à concentração e geram reflexos mais rápidos, além de descongestionar os órgãos, produzir bem-estar, melhorar a qualidade do sono e compensar o sedentarismo.

EI, CARA, DÊ UMAS BOAS RISADAS!

Fazer vestibular não é tirar o pai da forca. Relaxe. Solte-se. Conte piadas, ouça piadas. Rir vale até como exercício físico, pois 100 a 200 gargalhadas equivalem a 10 minutos de exercícios físicos e de emagrecimento. O riso libera tensões, combate o estresse, evita doenças psicossomáticas, derruba a depressão e leva o cérebro a produzir endorfinas, substâncias de efeito analgésico, que geram prazer e bem-estar.

MANTENHA CONTATO COM FAMILIARES

Preparar vestibular não é exílio. Se você sai do interior para a cidade a fim de encaminhar seu vestibular e ingressar na universidade, continue mantendo vínculos afetivos com a família. Estudo da Faculdade de Medicina de Harvard concluiu que 91% das pessoas que não mantêm laços afetivos com pais, irmãos, parentes, principalmente a mãe, tendem a desenvolver pressão alta, alcoolismo e até problemas cardíacos.

HÁ AMIGOS E MUI AMIGOS

Seja inteligente,
escolha amigos que sintonizem
com seus anseios e projetos,
se interessem em passar no
vestibular,
façam questão de estudar de
verdade
e tenham boa índole.
Caia fora de colegas brigões,
fofoqueiros, e, principalmente,
beberrões ou viciados em drogas.
É melhor prevenir do que
remediar.
Quem avisa amigo é.

ACREDITE, CARA!

Não basta
querer passar no vestibular,
tem que acreditar.
A mente comanda a vida.
Se não acredita,
você é bola-vazia.
Você pode.
Os outros puderam, você
também pode.
Ninguém é mais do que você.
Bola-cheia e avante!

O BICHO É FEIO MAS NÃO ATROPELA

Por favor, não fique aí calculando suas chances de 10 por um, 15 por um, para passar no vestibular. Estude, ponha em prática o que está lendo nesse livro e vá para o abraço. Não passa quem mais sabe. Carregue consigo o segredo: passa quem tem mais calma. Releia o item do nível alfa.

TENHA FÉ, QUE ISSO É FUNDAMENTAL

Fala-se muito em pensamento positivo, otimismo, bola pra frente, não tá morto quem peleia.
Acrescento o fundamental:
tenha fé.
Esta é a força que move montanhas e tudo alcança. Quando existir a sua certeza de que vai passar no vestibular,
essa ideia moverá céus e terras para se materializar.
Ocorrerá fusão entre desejo e realidade. Pense nisso.

FÉ NÃO É RELIGIÃO, É CIÊNCIA

Sabe o que é fé? - É a posse antecipada daquilo que se deseja; é a firme confiança daquilo que se espera e a convicção daquilo que não se vê.

O que é que você espera? Óbvio que é passar no vestibular.

Tome posse antecipadamente da universidade. Como? Visualize-se já passado, na lista dos que ingressam no seu curso, a festa. Como o subconsciente não distingue entre imaginação e realidade, tudo indica que assim é e assim será.

MEDITAÇÃO E MENTALIZAÇÃO, PRA QUÊ?

Pois é, cara, se você não sabe, veja os benefícios da meditação e da mentalização para o vestibular:

*Traz sensação de paz mental, espiritual e física.

*Provoca estado de profundo relaxamento.

*Faz com que você entre em contato com a energia interior.

*Descansa a sua mente e aumenta a concentração.

* Alivia as situações de grande pressão ou muito estressantes.

OUTROS BENEFÍCIOS DA MEDITAÇÃO E MENTALIZAÇÃO

*Deixa você atento ao que realmente interessa e permite que veja a realidade como ela é e não como a imagina.

* Produz abrandamento ou eliminação da ansiedade, da instabilidade e da tensão.

* Traz bem-estar, autocontrole.

* Faz com que você aprenda a lidar com uma situação de cada vez.

* Liga-o na Sabedoria interior.

MENTALIZE ....

Nem todos acreditam que o mundo que se cria na mente, acontece. Nem todos admitem que o subconsciente detém todo o conhecimento de todos os acontecimentos, de todos os procedimentos, de todas as pessoas, do presente, do passado e do futuro. Mas, sabendo ou não, por via das dúvidas mentalize antes de estudar e antes das provas. Primeiramente, relaxe, solte-se bem, feche os olhos, respire profundamente várias vezes, imaginando imergir na Sabedoria Infinita interior. Então diga mentalmente: "A Sabedoria Infinita, que existe em mim, que tudo sabe, me ilumina, me inspira e me orienta nesse estudo e nas provas do vestibular. Sou guiado divinamente pelo espírito de sabedoria universal. Agradeço a lucidez, os conhecimentos, a intuição e as respostas corretas da minha mente consciente e subconsciente. Assim é e assim será!"

***

CHEGOU

É AGORA!

Dia D. A sorte está lançada. É tudo ou nada. A batalha final. A hora das provas é que vale. Não adianta saber tudo se na hora agá a memória e a inteligência fogem de medo. Prepare a estratégia correta para esse momento definitivo.

DIA D

DÁ-LHE CARBOIDRATOS E BOLA PRA FRENTE

Você vai precisar de carboidratos, que são substâncias energéticas exigidas pelo seu cérebro e organismo nessa maratona física e mental de estudos, principalmente antes das provas. Para o café da manhã, adote algo como: leite, achocolatados, pães, bolachas, bolo. Não esqueça as massas, arroz, batata, etc, nos meses de estudos. Com moderação.

LEMBRETES BÁSICOS

1. Durma bem pelo menos nas noites que antecedem as provas.

2. Ponha despertador e ainda peça para acordarem você na hora programada: que dê tempo para um bom banho; um café reforçado, saudável, energético, sem pressa; e possa chegar ao local da prova com uma hora de antecedência, para evitar imprevistos.

3. No local: relaxe, brinque, descarregue o nervosismo e a ansiedade. Você está em condições de sucesso. Acredite.

ESSENCIAL PARA PASSAR NO VESTIBULAR

Pronto, chegou à sala da prova. Essencial: tenha calma. Muita calma. Esteja tranquilo. Mente nervosa, desastre nas provas. A calma é o segredo. Para tanto, use o método da respiração profunda, tantas vezes quantas forem necessárias. Faça uma oração, se for espiritualista, que a oração acalma, baixa o ritmo cerebral e inspira fé e confiança.

RESPONDENDO ÀS QUESTÕES

Não se assuste com a quantidade de questões. Vestibular é maratona de conhecimentos e também de resistência física e mental. São 80 ou 90 questões, cada uma com várias opções de resposta. Mas, de degrau em degrau vá subindo a escada até o topo. A calma e a focagem ajudam a memória. Se, na metade, estiver já tonto e exausto, respire fundo várias vezes para reoxigenar o cérebro.

NÃO DESCARTE A INTUIÇÃO

A sabedoria, o conhecimento do futuro, as descobertas e invenções por acaso, são frutos mais da intuição do que do acúmulo de cultura. Há uma sabedoria transcendental, cuja origem a ciência não detectou, mas corresponde à mais alta dimensão do ser humano. No insondável da alma existe o conhecimento do todo, que se manifesta sob certas circunstâncias. Não se interrogue, use-a.

INTUIÇÃO É SABEDORIA

Na hora da prova, quando não lhe ocorre nenhuma resposta, ao invés de deixar em branco ou chutar, entre em nível alfa, aprofunde-se, invoque a Sabedoria Infinita e ponha a resposta que lhe for inspirada. E esqueça.

MAIS UM ÚLTIMO VISTAÇO

Se lhe sobrar tempo e ânimo, ao concluir a prova, dê mais um vistaço, pois, de repente, pode perceber algum engano. Uma revisão poderá levá-lo a vislumbrar algo importante que faltava. A pressa é inimiga da perfeição. Onde usou a intuição deixe como está.

***

SUCESSO!

Só resta dar-lhe os parabéns
pelo estudo,
pela preparação,
pelas provas,
e desejar-lhe sucesso,
sucesso, sucesso, sucesso, sucesso,
sucesso, sucesso, sucesso, e
sucesso
e mais sucesso!

ADENDO IMPORTANTE

SOBRE A REDAÇÃO

Você sabe que a redação tem
peso significativo
no vestibular.
É muito importante.
Derruba muita gente.
Adianta muito ir otimamente
nas questões do vestibular
e se dar mal na redação?
Então, prossiga!

O QUE FAZER

1. *L*eia com calma e muita atenção, várias vezes, o tema da redação.

2. Situe-se bem no que é solicitado. É fundamental. O que é que lhe é solicitado?
Se facilitar seu entendimento, transforme o tema em uma pergunta.

PRIMEIRO RASCUNHO

Esqueleto indispensável:
introdução, desenvolvimento,
conclusão.
Faça a apresentação do tema.
Assuma a sua opinião.
Tente provar os seus conceitos.
Ponha, se for o caso,
um ou dois exemplos claros que
reforcem sua opinião.
Conclua.
Nada de achismo.
Escolha um título inteligente
depois de feita a redação.

REDAÇÃO

1. Ponha o texto corretamente, de forma simples, clara, coerente, coesa, as frases e palavras gramaticalmente corretas, sem gírias e estrangeirismos.
Acerte os verbos no singular e no plural.
Cuidado com palavras de dois esses/xis/ce-cedilha, ção/ssão, çu/ssu, etc.
Use com acerto as vírgulas, os ponto-e-vírgula e os pontos finais.

2. Quando começar nova ideia, principie com parágrafo, isto é, deixe um vazio de três ou quatro letras antes de iniciar a frase.

Mantenha o número de linhas solicitado. (Entre 30 e 50).

Coerência: não se contradiga.

Coesão: ordene e coordene as frases, vinculando-as entre si.

Você pode concordar com a proposição da prova, discordar, ou concordar em parte e discordar em outra parte. Mas argumente. Exemplifique.

Boa sorte!

Seja jovem vencedor.
Leia

O PODER DO JOVEM
Você pode se acha que pode

Lauro Trevisan

Complemente sua performance vitoriosa lendo o livro
O PODER DO JOVEM,
uma obra motivadora, que mostra suas qualidades, sua capacidade de superar a timidez e os medos e lhe abrirá os caminhos do sucesso.

CDs QUE AJUDAM

Mentalizações

Vença Seus Medos
Seja Seguro de Si

***

Jovem de Sucesso:
Relax com Mentalização
Relax Para Autoprogramação

***

O Seu Pensamento Faz a Sua Vida (palestra, relaxamento e mentalização)

***

2 Palestras

Realize Seus Sonhos
Você Pode

IMPRESSÃO:

GRÁFICA EDITORA
Pallotti
IMAGEM DE QUALIDADE

Santa Maria - RS - Fone/Fax: (55) 3220.4500
www.pallotti.com.br